AF198912

S. D. G.

Peter R. Pollmann

Schnitters Fick
Thema mit Variationen

Lyrik

Impressum

Bibliografische Information der Deutschen
Nationalbibliothek:
Die Deutsche Nationalbibliothek verzeichnet diese
Publikation in der Deutschen Nationalbibliografie;
detaillierte bibliografische Daten sind im Internet über
http://dnb.dnb.de abrufbar.

© 2020 Pollmann, Peter R.

Herstellung und Verlag:
BoD – Books on Demand, Norderstedt

ISBN: 9783751930826

Schnitters Fick

Thema mit Variationen

Atme.

Mach Dampf. Los!
Zieh mich Dir nach.
Deine sehnigen Hände.
Sein hurtiger Blick.
Ein Sandsturm verlässlich.
Auf Teufel. Komm raus!

Noch im Hinterland.

Wirbst Du, schweig,
schau nicht zurück.

Ein Blatt, dass es aufbegehrt.
Dass Dich schärft, was mich schält.

Wir versetzen den Hort.
Freund! Wir stechen in See.

Grundlos.
Barbarisch.

Ein schnittiger Blitz.

Kein Zaubertrank rührt sich.
Starr. Spiegelblind. Glatt.

So atme, Du sagst mir.
So reichst Du den Kuss.

In geschwungenen Lettern.
Im Verbotenen. Tanz!

Du sagst Dir.

Ich rief Dich.
Ein klaffender Schrei.

Im Fürchtegottelend.
Einander versucht.

In machtloser Fülle.
Einander bewohnt.

Einander vergeben.
Was würdelos. Prägt.

Nein, Du wirst

mich nicht täuschen.
Ich behüte Dich stur.

Was als Blüte Du auftischst,
wird im Herbstlaub bewahrt.

Nur ein Aufprall für's Erste.
Biss! Wir prosten uns zu.

Kraftstrotzend angelangt.

Ein entschiedener Sturz.
Ein durchtriebener Teich.
Sein verhaltener Gruß.

Wie Musik. Um mich weiß.
Ziegelrot. Mich umströmt.
Alles Vorschau. Gefahr!
Unbeschritten. Mein. Muss.

Alles Wortreich.
Im Tausch.

Ein verschlüsselter Bund.

Kipp den Kopf schräg, mein Glück,
dass die Gier nicht zerplatzt.

Dass dem Wahn nichts entschlüpft.
Dass die Axt nicht verschwimmt.

Einmal kreuz und quer. Lärm.
Zeit. Gestundet. Verjährt.

So als hätte ich einst.

All die Zähren hinweg.
Meine Ohrmuschel wund.
An den Luchsstein gepresst.

Schicht um Schicht.
Dich erlauscht.
Dich im Fieber gestillt.

Ab nach vorn. Du sagst,
Reißaus. Gib nicht nach.
Lass mich zieh'n.

Und wer hätte geahnt,
wie betörend das ist.

Wenn im Nachhall der Lähmung
Deine Brunst mich entzweit.

Wenn mit argloser List
Du mir Fernweh verheißt.

Arroganz. Unverhüllt.
Jede Ausflucht. Verschenkt.

Kaum gewiss.
Unverblümt.

Bleibt's uns stichhaltig. Treu.

Soll'n die Gaffer sich winden.
In beschaulichem Spott.
Unsere Liebe beschnüffeln.
Gift! Dem Schatten. Heraus.

Da. Wir kegeln uns kühn.
Da. Wir brechen den Schwur.
Wir entwinden uns grell.
Unverbrüchlich. Bestürmt.

Denn wir gleichen einander.

So. Wie Haxe und Zimt.
So. Wie Zwillinge. Kirschen.
So. Verflucht. Einerlei.

Da. Du siehst mich. Hör zu.
Da. Jetzt! Zieh mich Dir nach.

Wir. In prasselndem Fehl.
Wir. In stockender Hast.
Wir. Im Schleichenden. Nie.
Kein Gedanke. Weit. Meer.

Denn so fanden wir uns.

Da. Wir finden uns so.
Wo Geschichte. Mein Zutun.
Uns. Verdirbt. Messerscharf.

Wo kein Wort, Freund, uns stillt.
Wo kein Zuspruch uns trübt.
Wie's mich ungezähmt ausstreut.
Was Dich lautlos beschirmt.

Was er sieht, er ersinnt,

kehrt im Faltenwurf heim,
in gepunkteten Linien,
in gedrechseltem Schein.

Im Verborgenen ruht.
Über Tag jedes Wort.
Beugt die schlanke Gestalt.
Allen Schmerz über Nacht.

Du. Wir tasten uns frei.
Mein Geschick. Dich belegt.

Unerbittlich. Verheizt.

Wider Ehrgeiz und Ruhm.
Wider Übung und Ziel.
Recht. Gebrochen. Verbürgt.

Was im Wettstreit. Erlischt.
Wie's der Bresche entwächst.
Über friedlosem Wunsch.
Wir verraten uns. Nichts.

Wir belauern uns satt.
Lausche, Calamus weint.

Wir. In Wohllaut. Gepaart.
In Versponnenem. Satz.

Aller Hoffnung. Versiegt.
Aller Anstand. Entspringt.

Du. Ich zieh Dich mir nach.
Wirst Du mir, was ich sei.

Wie begierig, wie zäh,

wie Dein Klang mich umstreift,
wie mein Kuss Dich enteignet.
Furcht. Erregend. Verblüfft.

Da. Mein Zögern verführt.
Da. Dein Atem legt nach.
Du. Entrück mich. Erzähl.
Uns. Im Zufall. Gelöst.

Uns. Im Taktfluss. Erkannt.
Sieh. Die Träume gehisst.
Ja. Wir zünden, was Zeit heißt.
Schweig. Das stehen wir durch.

Kein Verbrechen.

Das zählt. Was uns
fristgerecht schont.

Da. Ich sah Dich. Sieh hin.
Da. So sinnst Du mir nach.

Da. So streifen wir ruchlos.
Was der Trübsinn beschert.

Was in schweifendem Reif.
Uns. Die Luft raubt. Hab acht!

Wie Heimweh

vorzüglich.
Den Vorrat umhegt.
Ich verstecke mich nicht.
Macht dem Kummer er Platz.
Gibt dem Jähzorn er Futter.
Treibt's beklommen bergan.

Was Andere aussperrt.
Mein Scherbengericht.

Was Einspruch, was Vorwurf,
was Rührung verpfuscht.

Auf tönernen Stelzen.
Wir spinnen uns ein.

Jeder Vorhof. Kein Staat uns.
Kalter Kaffee. Was sonst!

So atme,

Freund, richte.
Ich dränge Dir zu.

Falls im Morgenlos. Du.
Falls im Lotterbeet. Ich.
Falls im Übermut faul.
Meine Stimme verfliegt.

Nein. Wir kennen's zu gut.
Sie entwurzeln uns brüsk.

.Beschlossene

.Sache
.Pfeil
.Wildrose
.Harsch

.Im Schattenriss
.Zweige
.Moos
.Modergeruch

.Stramm
.Im Würgewind
.Wir

.Über Turmzinnen
.Jäh

So wende

Dich ab, Freund, so
verhülle Dein Haupt.
Wildfremdes erwartest
Du frühreif von mir.

Nie Ausweg.

Was glaubst Du.
Ich weiche Dir nicht.
Und wenn schon.
Ich beichte:

Heißt Vorsatz nicht Glut.
Heißt Not nicht Erwartung.
Heißt Weite nicht Saat.

Du neigst Deine Flügel.
Besingst mir das Land.

Mein Weben verrät mich.

Wir machen es so.
Du bist schön, mein Geliebter.
Mein Ernährer bist Du.

Seiner Höflichkeit Lüge.
Seiner Lippen Asphalt.
Seine Höhlen im Anschlag.
Seines Schweigens Gewalt.

Wie fruchtbar. Wie trostlos.
Mein Knochengespinst.
Du bist schön, mein Geliebter.
Dein Begehren bin ich.

Bloß.

Keinen Tag weiter.
Kein Spuk. Ohne Dich.
Die Stundung war grausam.
Blieb grußlos. Erstickt!

Auch wenn Deine Ankunft
die Rückschau versüßt.
Ich täusche mich nicht.
Ich fasse nicht nach.

So sage ich's jedem,
der auf Nachfolge sinnt:
Kein Versprechen entschuldigt.
Kein verlässliches Mahl.

Wir fanden einander

in achtlosem Spiel.

In zerwühlter Betäubung.
Auf verlorenem Pfad.

Wir. Im Ruf einer Eule.
Was das Vorspiel erspart.

Und überdies.

Hunger.
Salz.
Offenes Feld.

Du bist mein.
Mein Geliebter.
Dein Bewahrer.

Bin ich.

Ein murmelnder.
Mühlbach.
Ein zwingender.
Punkt.

Dein verkaterter.
Zugriff.
Mein gewagtes.
Na und.

Du sagst mir, ich bleibe.

Ein Strom unverzagt.
Ich schließe den Fickpakt.
Zur Wohnung Dein Schwert.

Zur Wohnung mein Hochmut.
Im Nacken sein Hauch.
In höllischer Milde.

Wie's die Götter entlarvt.

Zur Wohnung Empörung.
Ein nutzloser Fang.

Kein Nachweis. Zur Güte!
Du forderst mich ein.

Du leckst Dir die Finger.
In verhagelter Scheu.

Dein nicht mehr ganz ich.
Mein kaum mehr noch Du.

...

Dein geschmeidiger Pfiff.
Über Schultern hinweg.

Sein beharrliches Grinsen.
Was die Wärter verwarnt.

Sein gediegenes Sticheln.
Deiner Wehmut. Entstellt.

Seiner Redlichkeit Witz.
Wie's verstörend. Befällt.

Ein mannshoher Schlachtruf.

Dieser Hals. Lockenpracht.
Bar auf polterndem Bimsstein.

Wir. Im Flechtenwust. Eins.
Wir. Im Hochverrat. Zünftig.
Wir. Ersparen uns nichts.

Da. Berauscht euch! Verknallt.
Du bist schön. Pisspott. Spitz.

In erbittertem

Südlicht. So erlesen. Gestählt.
Nur ein Wink. Der uns weissagt.
Uns. Erschreckt. Glatt. Durchsiebt.

Bewahre.

Mein Minner.
Du fürchte mich nicht.

Mein Löwe. Mein Gründer.
Sprich. Teile. Vergiss.

Dein Ekel entschließt sich.
Mein Geheimnis. Verwaist.

Enthauptetes Treibeis.
Vergorene Frist.

Wo's immer. Was immer.
Auch hinlangen mag.

Gefahr. Mein Entsetzer.
Gefahr. Immergrün.

Dir buhlendem Schächer.
Mein schirmender Laib.

Ein Schriftsatz.

Kopfüber.
Im Treibsand.
Verfemt.

Wir angeln.
Den Knoten.
Besprechen.
Was sprießt.

Gemeinsam.
Auf Ewig.
Die Zuflucht.
Verneint.

Nun trau Dich.
Mein Bruder.
Ein See.
Der uns eint.

Mein Insekt.

Mein Zerfetzdich.
Dein Holmichzurück.

Wir fordern den Spiegel.
Entehren. Verschmitzt.
Wir beugen die Brecher.
Wir ködern den Wurm.

Ein Würfelwurf. Schwefel.
Die Schildwache stutzt.
Die Mondfiedel krümmt sich.

Der Renner vergeigt's.

Hör mich an.

Zieh mich auf. Gib mir
spitzbübisch. Nach.

Mensch rede, verleumde.
Ich lasse Dich nicht.

Was immer mir auftrug
Dein Schicksal zerbricht.

Im Nieseln. Bestaunen.
Zwang. Unzucht. Maskiert.

Ungefähr.

Jetzt auf gleich.
Aus die Maus.
Lies nicht nach.

Sprungbereit. Rassig.

Steif. Geradeheraus.

Wie's ungereimt schmettert.
Wie's süffig verzahnt.

Die Kette entseelt Dich.
Kein Wunder verweilt.

Von Zeit zu Zeit Schwindel.
Dann keuchende Rast.

Du weist mir, was mutlos
der Einsicht enteilt.

.Zweifelsfrei.

.Zweifelhaft.
.Hemmungslos.
.Angebracht.
.Ungebremst.
.Rausgefegt.
.Angefixt.
.Hingelegt.
.Mordsmäßig.
.Nachgestellt.
.Meisterhaft.
.Ausgezehrt.
.Bittersüß.
.Eingebrannt.

(Kein Kommentar)

Kein Luftschloss.

Kein Erstmal.
Kein Morgen.
Vielleicht.

Mich beschleicht,
was Dich anspornt.
Uns. Im Wagnis entdeckt.

O wie schön Du bist. Hammer!
Wie's erledigt. Uns zwickt.

Mein Bruder, Vollender.

So. Stellst Du mir nach.
So. Fällst Du die Fackel.
So. Greifst Du mich an.

Verdächtig. Mitunter.
Was bliebe uns sonst.
In schalkhafter Nachsicht.
Vertraut's sich uns an.

Im Überundüber.

Das Auge geschnürt.

Die Furchen betastet.
Die Kronen geneigt.

Mein Bruder. So atme.
Im Halsüberkopf.

Verwandelt.
Entsprochen.
Gerissen. Gefahr!

Die Aalglatten. Schleifen.

Das Rutschige. Stockt.

Behaustes. Entblättert.
Die Wiege. Verstummt.

Wir halten uns abseits.
Entborgen. Verwehrt.

Geflüsterter. Wildwuchs.
Du sagst mir. Vorab.

Du melkst mich.

Beschwatzt mich.
Wir wenden das Blatt.

Wir liefern im Handstreich.
Frei Haus. À la carte.

Ein Wortgefecht.

Singsang.
In luftleerem Einst.

Gras. Erdbeeren. Fenchel.
Verschollenes Glück.

Uns kosendes Rauschen.
Uns bergender Keim.

In wehendem Eifer.
Frost. Wundbrand.

Hinzu!

Hinzu

mein Freund, Schnitter,
ich nähre Dich wohl.

Ein Hurra. Deiner Landung.
Ein Hurra. Diesem Schuss.

Wie's sich ungestüm aufbäumt.
Wie's da kaiserlich winkt.

Über Plätzen und Gassen.
Seiner Duftmarke. Jagd!

Seiner Glutbarke. Schweiß.

Im Entfernten. Erprobt.

Seiner Lässigkeit. Faust.
Seiner Wanderlust. Stahl.

In Behauptetem. Dünkel.
Deiner Wurfwaffe. Mal.

Zerrissene Mäuler.
Gestriegeltes Nass.

Ein Hochamt den Kläffern.
Den Weisen. Dein Bild.
Den Frommen die Trutzburg.
Uns Rausch. Ungestillt.

Nimm Fahrt.

Auf! Du rührst mich.
Entschlossen. Versaut.

Wir schmieden die Kopfnuss.
Befeuern, was frisst.

Ein borstiges Eisen.
Ein fauchender Guss.

Du stillst mich. Du hörst mich.
Mit Nachdruck. Verpasst!

Im Schritt

seiner Schwermut.
Entvölkert. Verehrt.

Ins Unreine tapsen.
Ins Sichtfreie. Sieh!

Ein Strich in der Landschaft.
Ein Silberstreif. Schwarz.

Von Hexen. Von Wirrwarr.
Von streunender Gunst.

Doch eins

nach dem andren,
wir stiften uns Zeit.

Kein Gehudel auf Probe.
Meine Heuschrecke. Triff!

Meine Stichflamme. Rühr Dich!
Wie's den Reißfaden spinnt.

Unbekanntes betraut uns.
Alles Vorwand zum Zweck.

:

Fahlgrüne Augen.
Verschlissen. Für sich.
Ein Katzensprung Disteln.
Herb. Rußeulen. Ried.

Ein findiger Windfang.
Seiner Wangen Gestrüpp.
Ein geharnischter Reißer.
Die Lanze im Herz.

Seine Schläfe. Zinnober.
Alle Zähren. Versüßt.
Meine surrende Diva.
Meine köstliche Wehr.

So verzehrt Euch, Ihr Lieben,
heizt hundsgemein ein.
Trotz! Gemeißelt in Abkehr.
Ein Gedicht. Unerhört.

Denn so und nicht anders.
So versprochen. Gezäumt.

In verschlungenen Nächten.
Auf verwegenem Steig.

In bekömmlicher Ödnis.
Sonnenklar. Unbeirrt.

Ans gerettete Schweigen.
Was auch immer uns blüht.

Was auch immer uns angeht.

Wie's Dich hinlänglich quält.
Wie's mich reumütig einpfercht.
Du vergib uns, vergib.

Wie's die Brautschau verrückt.
Wie's die Sterne zermalmt.
Wie's die Regel verstört.

Was das Gleichnis verstimmt.

Seht!

Die Weiden. Der Weiden.
Drei Wogen. Beherzt.

Wie umschmeichelt sein Ohr.
Ihre Wurzeln. Verflixt.

Schon vom Vorsaft allein.
Halt. Ins Auge gefasst.

Spät!

Uns saumselig aus.

Aneinander gereift.
Zueinander verweht.
Ineinander enttarnt.

Wir verprassen die Last.
Nur Geduld Ungeduld.

Stürmt das Ende. Kein Licht!
Wie's uns hohlwangig schröpft.

Nicht lodernde Heerschar.
Keines Erzengels Rat.

Keines Fürsprechers Schleimspur.
Keine Gnade. Versprich!

Nichts. Vollendet. Mein Freund.
Nur wir zwei. Unbehaust.

Nun.

Beruhig Dich. Ein Lächeln.
Nur dem Höfling entgeht's.

War's doch ewig; nicht immer,
was den Unterschied schürt;
was dem Gunstgewühl ausweicht.
Mir. Die Geste verschleppt.

60, sic!

Im Entwederoder.
Im Waswärewenn.
Du. Im Immerdarwolkig.
Scheucht's gefällig; ermannt.

61, sic!

Wir umzingeln den Jahrmarkt.
Kampferprobt. Wieselflink.

Uns beschleichen Gespenster.
Alle Achtung. Gewürzt.

Unter dampfenden Achseln.
Über sengender Haut.

Ums Verrecken nicht. Gleichmut.
Schließt's verbissen sich aus.

62, sic!

Uns Kräuter. Uns Labsal.
Hasch. Läufige Brunst.

Schielt's. Schluck.
Für Schluck. Abwärts.
Nimm's. Kornblumenblau.

Mensch. Troll Dich.
Mensch. Pack mich.
Verriegelt die Tür.

Uns. Kessel. Uns Abgrund.
Gehorsam. Gereicht.

63, sic!

Ein Aufdannab.
Irrlicht!

Ein Hinwoher.
Dieb!

Dem Berstenden.
Aufschub!

Des Kommenden.
Raub!

64, sic!

Dir Schnaubendem. Auslauf.
Ein Schopf breit und schief.

Mir Schnaufendem. Halbzeit.
Luft. Sabber und Mief.

65, sic!

So. Wucht an Wucht. Wiegen.
So. Unmittelbar.
Mein Bruder. Mein Minner.
Mein Leben. Gefahr!

Wir lauschen. Dem Pochen.
Wie's ungemein strömt.
Wir schürfen die Nachhut.
Im Gleichklang. Entwöhnt.

66, sic!

Gerede. Geplapper.
Flach. Linkisch. Verpeilt.

Die Richtung entrinnt sich.
Wo's hartnäckig weilt.

Wo's schlussendlich dämmert.
Wie's ausgebrannt schwärmt.

Kein Fingerbreit Nachlass.
Kopfunter im Fleisch.

67, sic!

Geziegelt.
Belämmert.
Zerfahren.
Verquer.

Mensch.
Fang Dich.
Erwäge.
Gelegenheit.
Schopf.

Mensch.
Fass mich.
Verlauf Dich.
Spur.
Balsam.
Verbrieft.

68, sic!

Den Rücken am Brustbein.
Zuchtperlen am Steiß.
Die Kniekehlen Grütze.
Stinkt's himmelwärts. Heiß.

Es streckt sich. Es fläzt sich.
Es blendet uns aus.
Mein Liebster, mein Kleeblatt.
Ich will Dich. Komm raus.

69, sic!

Rapunzel.
Rapunzel.
Nur so.
Einfach rein.

Vom Magen an.
Stromauf.
Dann Abwärts.
Gemein.

Ein lammscheeler.
Schluckauf.
Verklärt.
Puppenflink.

Ein flüchtiger.
Treffer.
Mein Ja.
Unbedingt!

70, sic!

Ein Turtelfroh. Mach schon.
Worauf wartest Du noch.

Vergiss Dich. Bestrick mich.
Ich streune Dir nach.

Ich streife die Rinde.
Ich kose den Stamm.

Na also. Das wird schon.
Na bravo. Na dann.

71, sic!

Leck.
Rotze.
Die Eier.
Im Tosenden.
Stich!

Wir kommen.
Gemeinsam.
Wir streichen.
Den Strich.

72, sic!

Wir richten.
Gefühllos.
Wir schlachten.
Das Schwein.

Wir hobeln.
Die Felswand.
Wir schänden.
Den Schrein.

Nicht Entwederoder:

Nicht Rätsel. Kein Maß.
Dem Kreuzzug entronnen.
Dem grollenden Heil.

Wir wüten. Wir zündeln.
Wir schaffen uns ab.
Die Botschaft vergnügt sich.
Wir fordern. Verkehrt!

Horcht hin!

Meine Lieben.
Schlagt raffgierig nach:

Da sind nämlich Kräfte,
sind Säfte. Im Tausch.

Sind Wälder. Freund.
Motten. Verschlissen.

Applaus.

Mein Knochenkerl.
Rotfuchs. Mein Aquamarin.

Sie dreht sich.

Du. Dreh mich.
Spannt. Unsere Welt.
Selbst kosmische Fress
Monster stellen sich nach.

Die balgen. Die beizen.
Umkringeln sich stumm.
Ihr Lieben. Ins Bockshorn.
Beste Plätze. Ganz vorn.

Beste Plätze am Schmortopf.
Spinkst! Ein lohnender. Ritt.
Im Verschaukeln. Gestehst Du.
Stößt Gewalt. Reih und Glied.

Scham,

Rücksicht
und Weltschmerz.
Dem Schädel verpasst.

Ein Mühlrad im Käfig.
Kein Spalt. Mensch.

Tauch auf!

Kein Schläfchen. Kein Zeichen.
Du birgst mich. Im Hier.
Wir sausen. Wir taumeln.
Wir heucheln uns ein!

Das Raubtier im Zentrum
des Wirbels umstrickt.
Voll. Abscheu. Genüsslich.

Ein Kuss. Kein Zurück!

Schorf.

Grieseln. Ein Steinbruch.
Wie Pflaume auf Schnee.
Wie Ahorn die Zunge.
Von Engeln geführt.

Ich will Dich zu Tode.
Dir bleibt keine Wahl.
Willkommenes Treibgut.
Schlaf! Nässt Du mich ein.

:

Mein gleißender Abschaum.
Mein Höllengeschenk.
Auf knisterndem Laken.
Ergriffen. Bewegt.

Ein Notammann. Fließen.
Auf Hochglanz. Getrimmt.
Mein Nimrod. Mein Minner.
Wie anstößig. Fremd.

Diese köstliche Ohnmacht.
Spann, Wurzel und Rist.
Wie streichelt der Fluch.
Deine Fesseln. Geballt.

Wie hautnah. Wie griffig.
Die Waden. Verschreckt.
Mein Löwenherz. Schmollmaul.
Mein Rührmichnichtan.

Die Natter mit Fuchskopf.
Jede Rippe ein Fest.
Seine Brustwarzen. Kernig.
Taube Augen. Zerstreut.

Vergiss Dich. Mein Bringer.
Du vergiss. Hyazinth.
Das Kantige schleift mich.
Das Gierige fällt.

Dein Kiefer. Dein Brustbein.
Ein seidenes Band.
Dein Pomum Adami.
Wie bissfest. Gereckt.

Wie einschmeichelnd brüchig.
Wie zügellos. Schroff.
Meine Lieben. Ihr seht mich.
Jetzt. Sieht er mich an.

Mir Zerrbild. Mir Fratze.
Mir Spiegel. Gedruckt.
Das sind Klagen, die treiben.
Feinste Kakophonie.

Es will Dich. Es lohnt Dir.
Gepfeffert. Entkernt.
O zehrende Sehnsucht.
O herrische Wut.

Wie zwei Reisende etwa.
Vor weichender Flut.
Leichte Dünung. Fisch.
Atem. All die Wörter. Kristall.

(Und knackige Nüsse und Rosenduft auch!)

Wir wenden uns

kurzzeitig Weiterem zu.
Vertiefen, was süffig
den Unknall umgarnt:

Auf Glanzpapierfüßchen.
Im Lavabad. Einst.
Als köstliche Mär.
Übers Bachbett gesandt.

Blasse Härchen. Liebkost.
Schrille Kanten. Besetzt.
Was uns vorgreift. Erfragt.
Wie's im Federstrich hetzt.

Ich sah Dich.

Du siehst mich.
Die Flamme entkommt.

Sie plappern. Sie schütteln.
Sie weiden Dich. Aus.

Sie pressen die Kehlen.
Sie stieren. Verstockt.

Sie schüren die Mauer.
Gewiss. Rundheraus.

Das wird schon.
Vertrau mir.

Im Schaufelnden. Einst.
Mein Benjamin Frühauf.
Mein Benedikt Brand.

Die Losung entweicht sich.
Sie hält sich bedeckt.
Die Auskunft vertrocknet.
Verschlossen. Erstaunt.

Nein. Nein.

Mein Geliebter.
Du schaffst himmelweit Trost.
Mein Freund. Dein Bezwinger.
Schlaf Bruder. Verzeih.

Wie ruht Deine Schuld
nicht verträglich bewohnt.

Deine Hüftgräten. Keile.
Schlägt's den Kreislauf in Bann.
Mir nach. All die Wörter.
Jetzt! Entspann Dich. Gib auf.

Wie hätten wir tags

drauf die Zeichen gebeugt
am Kieselfels unserer Lust.

Sieh Dich an!

Wir hätten gemeinsam
in Weihrauch und Gischt,
so eisern, so herrisch,
so unwidersprochen
all die Wunden gespitzt,
frech die Kufen gewachst.

Gerötete Näschen.
Ein Pulverfass Angst.
Ein Hummelgestöber.
Einander entluchst.

Ein Schloss. Hokuspokus.
Unterm Birnbaum. Vermählt.
Ein Hochamt. Der Liebe.
Im Verblichenen. Einst.

Mensch riechst Du's!

Gefahr. Fette Beute. Dein Tag.

Dieser Wörterwelt. Rufmord.
Dieser Wortfesseln Durst.
Diese fahrige Altlast.
Wie's im Unterholz kräht.

So lese ich Deine Verachtung.
Heraus. Wir bleiben einander.
Dein Herzschlag. Mein Pfand.

Komm Schnitter. Sei gnädig.
Wir schwimmen uns fest.
Entblättern. Behutsam.
Uns. Versiegeltes Muss.

Der üppige Wipfel.

Ein Stündchen zum Schein.
Was meinst du, mein Schnitter.

Gefahr!

Kein Jammer. Der standhält;
die Schwebe verletzt.
Kein Schmerz. Der verzichtet;
uns saumselig ritzt:

Wie's farbenreich freispricht.
Dich auslöscht. Besiegt.

Seiner Traurigkeit. Härte.
Sein verzweifelter Schnitt:

denn unwiderstehlich
und kinderleicht fein
in schnurgerader fülle
und glasiger pracht
wohnt all deinem sehnen
und hoffen und gieren
die hanfstraße gastlich
und gönnerhaft bei

neckt grundgütig träume
gegen wind und gewinn
treibt atemlos sicher
auf kiesendem kraftrad
dich kerngesund schwebend
dem horizont zu und weiter
und weiter darüber hinaus

WIE ZIEHST DU MEIN KÄUZCHEN
AUF SAMTWEICHEN BRECHERN
IN ZÖGERNDER UMSICHT
DAS REIßBRETT ZURÜCK

denn blut meine freunde
auf pflaster und gehsteig
helm leder und stiefel
seht unmengen blut

ein pechschwarzer Körper
zerschlagen und reglos
erschüttert zu tränen
blut ratlos ringsum

Grüne Augen. Entsetzt.
All das Wortbruch. Wie nie.
All dies, dass es Dich ausreißt.
Mild. Wie Noten. Gestanzt.

Takt für Takt. Lichterloh.
Trägt's Dich reumütig fort.
Schaut's Dir grundgütig zu.
Grüne Augen. So groß.

Grüne Augen. Entleert.
Noch nicht ganz. Aber nein.
Was entdeckst du. Taufrisch.

Auf! Zum Kuss. Nimmersatt!

- Wer bist Du.

- Ich bin es.
- Das Schweigen.
- Bin ich.

Choral

Denn all das ist Winter.
Uns. Frühling. Gesät.

Befremdlich. Mein Bruder.
Zerstobenes Glas.

In Klage. Erdichtet.
Im Schlummer. Vereint.

Mein Bruder. Vertrau mir.
Du bleibst. Ungeteilt.